AF261767

LA
DÉMOCRATIE
REPRÉSENTATIVE

PAR

ARMAND HAYEM

CONSEILLER-GÉNÉRAL DE SEINE-ET-OISE

C'est icy un livre de bonne foy, lecteur
MONTAIGNE.

DIX-SEPTIÈME ÉDITION

Prix : 40 centimes

PARIS

A. LE CHEVALIER, LIBRAIRE-ÉDITEUR

61, RUE RICHELIEU, 61

1873-74

LA
DÉMOCRATIE
REPRÉSENTATIVE

PAR
ARMAND HAYEM
CONSEILLER-GÉNÉRAL DE SEINE-ET-OISE

C'est icy un livre de bonne foy, lecteur
MONTAIGNE.

DIX-SEPTIÈME ÉDITION

PARIS

1873-74

LA

DÉMOCRATIE REPRÉSENTATIVE

CHAPITRE PREMIER

DE LA FORME DU GOUVERNEMENT

Je veux rechercher s'il existe, en dehors de la démocratie directe et de la monarchie absolue, une règle certaine de gouvernement, par l'effet de laquelle la souveraineté et la liberté du peuple seraient pleinement garanties, et les exigences de la pratique immédiatement satisfaites.

Il n'y a, et il ne peut y avoir que trois formes de gouvernement :

Ou le peuple fait ses affaires lui-même ;

Ou il les fait faire ;

Ou il ne les fait ni ne les fait faire.

La première de ces formes est *directe*, la seconde *représentative*, la troisième *éliminative* du peuple ou despotique.

J'appelle donc *démocratie directe* le gouvernement du peuple par le peuple sans intermédiaires ; *démocratie représentative*, le gouvernement du peuple par ses représentants, dans tous les ordres de pouvoir ; et enfin *despotisme*, le gouvernement d'un seul ou de quelques-uns.

C'est pourquoi je comprends mal la distinction que Montesquieu a établie entre la monarchie et l'aristocratie. Car, dans le cas de la monarchie aussi bien que dans celui de l'aristocratie, le peuple ne fait pas plus ses affaires qu'il ne les fait faire. Ici un magistrat sans mandat gouverne à sa place ; et là plusieurs. Ce qui fait que la forme monarchique et la forme aristocratique se trouvent toutes deux comprises dans celle que j'ai appelée despotique, et, par rapport au peuple, éliminative.

Il ne reste ainsi, en dehors du cas où le peuple se trouve gouverné, soit par un seul magistrat, soit par un groupe de magistrats, que' deux cas de gouvernements : celui où le peuple garde tous ses droits et tous ses pouvoirs, celui où il les délègue.

Dans ces deux derniers cas, le gouvernement est démocratique. Mais la démocratie est directe dans le premier, représentative dans le second.

On ne voit trop souvent la souveraineté du peuple que dans le pouvoir législatif.

Cependant tous les pouvoirs appartiennent au peuple. Car autrement il ne serait point souverain.

Que serait le chef d'un État démocratique qui n'aurait point été élu par le peuple ?

Qu'est-ce, d'autre part, que l'institution du jury, si ce n'est la reconnaissance de la souveraineté du peuple en matière judiciaire ?

Comme le peuple possède les pouvoirs législatif, exécutif et judiciaire, il les délègue tous trois dans le gouvernement de la démocratie représentative.

Ce n'est que parce qu'il ne les exerce ni tous, ni assez souvent, que le peuple finit par oublier ses droits.

Si l'on descend jusque dans les faits, il faut reconnaître qu'il existe des démocraties qui ne sont représentatives qu'à l'égard du pouvoir législatif.

Le pouvoir exécutif y est héréditaire. Le pouvoir judiciaire y dépend le plus souvent du pouvoir exécutif. Ces cas comprennent toutes les formes possibles de gouvernements mixtes.

Dans la démocratie représentative, au contraire, les trois pouvoirs sont représentatifs.

Ainsi la Suisse, les États-Unis sont des démocraties représentatives.

La France de 1868 n'est une démocratie que par rapport au pouvoir législatif. A proprement parler, sa forme de gouvernement est mixte (1).

(1) La première édition de cet ouvrage a paru en 1868.

CHAPITRE II

DU DROIT DE SUFFRAGE

Comme il est juste que chacun ait le droit de faire ses propres affaires, il est expédient que chacun en ait le moyen. Le peuple qui se gouverne lui-même doit posséder le moyen de se gouverner.

Ce moyen est le suffrage politique.

Dans une démocratie directe, le droit de suffrage sera le premier droit politique du citoyen.

Il est aisé de voir maintenant quel est, dans cette expression de droit de suffrage, le rapport qui lie l'idée du droit à l'idée du moyen.

Car, que serait un droit sans le moyen de l'exercer ?

Ce rapport explique à l'avance ce que sera

le droit de suffrage dans une démocratie représentative, et ce qu'il devra être avec un gouvernement despotique et avec un gouvernement mixte.

Il suffit, en effet, de considérer que, dans le premier cas, le peuple fait faire ses affaires au lieu de les faire directement.

Au lieu d'être aussi absolu et aussi illimité que dans le cas de la démocratie directe, le droit de suffrage sera donc ici moins absolu, moins étendu, n'étant plus limité qu'à l'élection des représentants du peuple dans les trois ordres de pouvoirs qui lui appartiennent.

Avec un gouvernement éliminatif du peuple ou despotique, le droit de suffrage sera nul : car il ne saurait plus avoir de raison d'être dans ce cas.

Avec un gouvernement mixte, suivant que la forme du gouvernement se rapprochera plus ou moins de la démocratie directe, le droi de suffrage sera plus ou moins restreint.

Il suit de là que le degré d'étendue du droit de suffrage éloigne ou rapproche du gouvernement de la démocratie directe.

Appliquer directement le suffrage politique à tous les objets de gouvernement, c'est, en effet, réaliser cette dernière forme démocratique.

Appliquer directement le suffrage politique à l'élection de représentants, appelés euxmêmes à voter sur tous les objets possibles de gouvernement ; c'est réaliser la démocratie représentative.

Ce résultat aura été atteint dès que le suffrage aura été étendu à la représentation dans tous les ordres de pouvoir.

J'ai établi que le suffrage politique est un droit variable suivant les formes de gouvernement.

Il est des publicistes et des hommes d'État, en Angleterre surtout, qui se sont entêtés à voir dans le droit de suffrage un mandat.

Un mandat ? De qui à qui ? — De moi à moi. — Qu'est-ce que cela veut dire ?

Ces esprits, d'ailleurs très-prévenus, en soutenant que le suffrage politique est un mandat, n'ont pu se donner pour tâche que d'établir une vaine théorie.

Cette théorie ne peut être que celle du suffrage à deux degrés.

Il est évident, en effet, qu'il faut, pour qu'il y ait mandat, un mandant et un mandataire.

Avec le suffrage direct, le mandant est le citoyen auquel le droit de suffrage est reconnu, et le mandataire est celui qu'il délègue pour exercer, à sa place et pour sa part, la souveraineté qui lui appartient.

Alors, c'est la représentation qui est le mandat, et naturellement le représentant est le mandataire.

Avec le suffrage à deux degrés, on peut considérer que ceux qui nomment des électeurs leur donnent le mandat de choisir à leur place leurs représentants.

Alors les représentants sont les mandataires des électeurs et ceux-ci sont les mandataires du reste du peuple. Le mandat est dans leurs mains comme dans celles des représentants ; il n'est pas dans la main des premiers suffragants.

Aussi il n'est pour ceux qui voient un droit imprescriptible dans le suffrage politique qu'un mode de suffrage : le suffrage direct.

C'est celui-là même qui se rapporte au principe de la démocratie représentative *„ qui est „ cette règle de gouvernement par laquelle la „ souveraineté et la liberté du peuple se trou„ vent pleinement garanties et les exigences de „ la pratique immédiatement satisfaites. "*

CHAPITRE III

DU CENS

Il ne peut y avoir d'électeurs que les ci-toyens ; il ne peut y avoir de citoyens que les hommes de vingt ans qui payent l'impôt.

Chacun doit contribuer à l'impôt, par la raison que chacun jouit des avantages du service public.

Dans un état démocratique, une certaine égalité dans les fortunes et dans les mœurs doit rendre l'impôt supportable à toutes les fortunes et intéresser tous les citoyens à la conservation de la chose publique.

Quelque faible que puisse être la participation du citoyen à l'impôt, elle formera toujours un cens suffisant.

Ainsi compris, le cens loin de porter aucun

caractère aristocratique est le plus juste instrument d'égalisation.

Presque tous les États qui pratiquent le suffrage direct ont déterminé un cens qui est comme le *minimum* de l'impôt chez chacun d'eux.

Je citerai de notre temps les États-Unis et l'Italie, etc. (1)...

En 1791, notre Assemblée nationale elle-même n'avait-elle pas décidé que pour être électeur, il fallait payer un cens équivalent à trois journées de travail?

Il n'est que rigoureusement juste que ceux qui sont appelés à élire les administrateurs et les contrôleurs de la fortune nationale contribuent, pour une part, à cette fortune.

---

(1) Plusieurs États de l'Union américaine exigent même que l'électeur soit propriétaire.

En Virginie, il faut, pour être électeur, posséder un *freehold* de 25 dollars de revenu, ou justifier d'un bail de 200 dollars pendant 5 ans, ou à défaut payer une taxe.

Cette taxe est 1 dollar à Rhode-Island et 15 dollars dans la Caroline du Sud.

En Italie, l'électeur doit payer au moins 40 francs d'impôts directs, ou un loyer pour établissement d'art ou d'industrie.

C'est ainsi qu'à Rome, au temps de Servius Tullius, il fallait posséder un foyer pour avoir le droit de le défendre, et, à cause de cela, ceux qui formaient la sixième classe, et qu'on appelait *capite censi* ne pouvaient ni porter les armes, ni voter au Champ de Mars.

CHAPITRE IV

DE LA REPRÉSENTATION

Jean-Jacques Rousseau a écrit que la souveraineté étant indivisible, elle était inaliénable et ne pouvait être représentée.

Il suffit dès lors que la souveraineté demeure indivisible pour qu'elle puisse être représentée sans s'aliéner. Pour cela, le corps tout entier des citoyens doit être représenté sans qu'un seul suffrage soit perdu, c'est-à-dire sans qu'un seul citoyen manque de représentant; car alors seulement, la souveraineté se trouve représentée dans son indivision.

Mais de quelle manière se fera cette représentation!

C'est là la question importante : parce qu'il est tel mode de représentation qui détruit, par son effet, jusqu'au principe même de la démocratie.

Celui qui a été pratiqué jusqu'ici chez presque toutes les nations de l'Europe est de ce nombre.

Le corps des citoyens n'est ni une partie, ni la plus grande partie d'un tout, mais il est un tout lui-même.

La représentation de ce corps est donc elle-même un tout, ou elle n'est pas.

Jusqu'à présent le monde n'a connu d'autre représentation que celle de la majorité du peuple.

De là mille injustices, mille abus, une masse d'intérêts en souffrance, la force mise à la place du droit, la majorité triomphante, le despotisme d'une assemblée succédant à celui d'un seul.

Avec le système de représentation que pratique aujourd'hui la France, on peut compter que, pour huit millions de citoyens qui sont mal représentés, deux millions au moins ne le sont pas du tout (1).

(1) Veut-on s'en convaincre ?
L'article 6 du décret du 2 février 1852 porte : « Nul

A la représentation de la majorité du peuple, la forme de gouvernement que j'appelle la *démocratie représentative*, substitue la représentation de la généralité du peuple.

Toutes les opinions, tous les intérêts et jus-

n'est élu ni proclamé député au Corps législatif, au premier tour de scrutin, s'il n'a réuni : 1° la majorité absolue des suffrages ; 2° un nombre égal au quart de celui des électeurs inscrits sur la totalité des listes de la circonscription électorale.

» Au second tour de scrutin, l'élection a lieu à la majorité relative, quel que soit le nombres des votants ; dans le cas où les deux candidats obtiendraient un nombre égal de suffrages, le plus âgé sera proclamé député. »

Pourquoi le plus âgé ? — Tirer au sort ne serait-il pas, dans ce cas, un moyen plus juste et plus conforme à l'esprit démocratique ?

Mais ceci est peu important.

Voici qui l'est bien autrement.

Je suppose le cas du 1er tour de scrutin :

Soit : Électeurs inscrits votants. 35,000
La majorité absolue est. 17,501
Un 1er candidat obtient. 17,501 suffrages
Un 2e candidat   —   15,000   (17, 499
Un 3e candidat   —   2,499   (suffrages .

35,000

—17,501 électeurs sur 35,000 sont seuls représentés ! — 17,449, de différents groupes d'opinion, demeurent sans représentant.

Je suppose, en second lieu, le cas du 2e tour de scrutin.

qu'aux volontés particulières des citoyens réfléchis par une assemblée unique, comme les mille rayons d'un corps de la voûte céleste par un même miroir, de telle sorte que chaque représentant de la nation soit, par rapport à ses électeurs, comme un lieu géométrique par rapport aux différents points d'un même espace limité : tel est l'idéal de la représentation dans une démocratie.

Par quel moyen, maintenant, approcher cet idéal ?

```
Soit : Electeurs inscrits........   35,000
        Votants...............      25,000
        Un 1ᵉʳ candidat obtient..    8,500 suffrages.
        Un 2ᵉ candidat    —         8,400      }  16,500
        Un 3ᵉ candidat    —         8,100      }  suffrages
                                    ________
                                    25,000
```

—8,500 électeurs sont représentés, 16, 500 ne le sont pas ! — J'ai fixé un certain chiffre de votants pour ne pas sortir des conditions ordinaires ; mon calcul n'en a pas reçu plus de force.

En résumé, dans la premier cas, la moitié des électeurs moins un n'est pas représentée ; et dans le second cas, les deux tiers des électeurs ne sont point représentés davantage.

Cela est-il juste ?

Et les représentants ainsi élus peuvent-ils bien s'appeler les représentants de la nation ?

CHAPITRE V

DU PLUS JUSTE MOYEN DE COMPTER LES VOTES

Il n'y en a qu'un, qui est le vrai. C'est celui que je vais faire connaître.

On voit déjà qu'afin que la représentation soit générale, il faut que chaque électeur puisse trouver un représentant, et par conséquent qu'aucune voix ne soit perdue.

L'Etat peut être considéré dans son ensemble ou dans ses divisions : de telle manière que les élus soient les représentants de l'ensemble par l'ensemble, ou de l'ensemble par ses parties.

Il est de toute évidence que la représentation de l'ensemble par l'ensemble offre le plus de vérité.

Un même moyen conduit à l'un et à l'autre des deux modes de représentation.

On fait la division du nombre des électeurs par le nombre des représentants à élire, et chaque candidat qui obtient le nombre de voix exprimé par le quotient de cette division est dûment élu.

Quoi de plus juste que ce procédé?

Je ne sais si l'honneur de la découverte revient aux Danois, aux Génevois ou aux Anglais.

Dans tous les cas, l'honneur de la première application, en Europe, revient aux Danois. Il est curieux de remarquer que la plus grande réforme sur cette matière a été opérée, en premier lieu, par un tout petit peuple (1).

A Genève, ce nouveau mode d'élection a été

(1) En Danemark, le système du quotient fonctionne depuis peu pour les élections au *Folksthing* ou assemblée représentative.

On sait que, dans ce libre petit Etat, le suffrage est direct et général.

Je n'ai pu me procurer aucun renseignement positif sur le mode de fonctionnement du nouveau système. Il y a tout lieu de supposer que les Danois en sont satisfaits et qu'ils continueront de l'appliquer.

très longtemps discuté, et il paraît appelé à y triompher définitivement (1).

En Angleterre, un esprit aussi hardi qu'ingénieux, M. Thomas Hare, comme si la découverte du meilleur système de représentation était réservée à un fils de cette terre classique du gouvernement représentatif, a imaginé une série de combinaisons par lesquelles ce procédé se trouve appliqué à l'élection des députés pris dans tout le pays (2).

Je vais essayer d'exposer ce système dans ce qu'il a de plus important. Je répondrai aux objections qu'il peut faire naître, et je ferai ressortir ses principaux avantages.

O grands états de l'Europe, n'oubliez pas ce vers du bonhomme Lafontaine :

> On a souvent besoin d'un plus petit que soi.

Le même système est aussi employé dans la Nouvelle-Galles du Sud. Espérons qu'il passera un jour à la Grande-Bretagne et de là jusqu'à nous.

(1) Je recommande, sur ce sujet, les publications de l'*Association réformiste* qui s'est formée à Genève, et qui lutte avec ardeur pour le système que j'expose ici.

(2) L'honneur d'avoir, le premier, formulé l'idée, paraît cependant revenir à notre illustre François Arago. C'est lui qui a dit : « Si le nombre des électeurs français est de cinq cent mille, si le nombre des élus est de cinq cents, tout citoyen réunissant mille votes, *de quelque part qu'ils*

Ceci demande beaucoup d'attention.

Les électeurs ont le droit de choisir leurs représentants parmi tous les candidats, sans distinction de lieu (1).

Au jour marqué, ils présentent ou envoient une liste signée par eux, comprenant, par rang de préférence, les noms des représentants qu'ils ont choisis.

Alors commence l'opération de la répartition des voix.

Le chiffre de voix que chaque candidat doit réunir pour être élu a été fixé, une fois pour toutes, en faisant la division du nombre des

lui viennent, est député de la France. » (Voir Louis Viardot, *Revue indépendante* du 1er février 1842).

C'est bien là tout le système que M. Hare s'est efforcé de rendre praticable.

Il semble naturel que le mérite de l'idée revienne à un Français et le mérite de la pratique à un Anglo-Saxon.

(1) La loi actuelle permet aux candidats de se présenter à la fois dans tous les départements de la France, et de choisir ensuite, parmi ceux où ils ont été élus, le département dont ils veulent demeurer le représentant.

Il ne m'a point semblé que les conséquences de cette faculté aient été jusqu'ici bien comprises chez nous.

Si la pratique en devenait générale, ce serait certainement un premier pas en avant vers le système de M. Hare.

électeurs par celui des représentants à nommer.

Chaque nom est relevé sur toutes les listes et compté, à son rang, autant de fois qu'il s'y trouve porté.

S'il s'y trouve porté un nombre de fois égal au quotient de la division dont j'ai parlé, le candidat que ce nom désigne est élu. S'il s'y trouve porté un nombre de fois supérieur à ce quotient, les voix sont reportées au nom suivant de chaque liste, et ainsi jusqu'au dernier.

A-t-on jamais rien imaginé de plus juste et de plus ingénieux ?

Je ferai remarquer de suite, pour répondre à une première objection, qu'aucun candidat ne pouvant être élu par un nombre de suffrages supérieur au chiffre prévu, la popularité d'un candidat ne peut être préjudiciable à aucun autre, ni dangereuse à aucun égard.

Il faudrait, pour que la popularité d'un candidat fût à craindre, que les électeurs inscrivissent tous un seul et même nom sur leurs listes.

Mais je demande si une telle unanimité, qu'elle fût l'effet du hasard ou l'effet d'une entente générale, pourrait jamais se rencontrer ?

C'est une liberté peut-être excessive que celle de n'inscrire qu'un seul nom sur une liste qui doit en comprendre un très grand nombre. Car, dans le système de M. Hare, donner sa voix à un candidat unique, c'est la retirer à tous les autres.

Mais l'électeur ne devant trouver aucun avantage à recourir à ce moyen extrême, il y a toutes raisons de supposer qu'il n'y recourra point, ou très rarement.

Cette considération est une réponse à la seconde objection, qui consiste à dire qu'avec ce système, l'électeur n'est jamais représenté par le candidat de son choix.

Et l'est-il donc aujourd'hui quand sa voix se trouve perdue ?

Le choix de l'électeur doit-il porter sur la personne du candidat, ou sur les opinions que celui-ci représente ?

Il suffit à un électeur de porter sur sa liste

les noms des hommes de son opinion, pour être assuré que cette opinion sera représentée par l'un ou l'autre d'entre eux.

J'avoue que j'aime beaucoup mieux voir mon opinion représentée par le dernier de ceux que j'aurais souhaités que de ne la point voir représentée.

Entre le système qui m'assure ma part d'influence et celui qui ne me l'assure point du tout, il n'y a point à hésiter. Avec le premier je suis citoyen, avec le second je ne suis rien (1).

A moins et jusqu'à ce que je vote moi-même directement, je me déclare satisfait par le plan de M. Hare.

Ses avantages ressortent si clairement, qu'il est à peine besoin de les énumérer. Je pour-

______

(1) Dès qu'un électeur a écrit plusieurs noms sur sa liste, c'est un aveu tacite qu'il consent à être représenté, par l'un ou par l'autre, à défaut du premier.

Le système que je viens d'exposer est de ceux qui attendent leur perfectionnement de la pratique. Quelques modifications que celle-ci soit appelée à lui apporter, elle ne saurait jamais rien changer au principe.

Ce principe émane de la justice qui est inscrite au fond de toutes les consciences.

rais d'ailleurs les résumer tous en disant que, sans ce système, aucune représentation générale n'est vraie, et conséquemment qu'aucune démocratie représentative ne serait possible.

Car dès lors que la représentation cesse d'être générale, la démocratie cesse d'être représentative, ce qui arrive lorsqu'un certain nombre de voix étant perdu, le même nombre de citoyens se trouve sans représentant.

Ce droit sacré des faibles, qu'on a si justement appelé, de notre temps, le droit des minorités, trouve dans ce système sa plus complète garantie ; et la vérité et la justice, qui sont la force du petit nombre, fondent enfin l'empire de la liberté (1).

(1) Cette idée du droit des minorités était si avancée chez le peuple anglais, qu'elle a trouvé sa consécration dans le bill de réforme de 1867.

Un homme d'État, distingué par la justesse et la libéralité de ses vues, lord John Russell, avait cru donner la plus large satisfaction aux minorités en proposant d'accorder à certains colléges électoraux le droit de nommer trois députés avec la faculté pour l'électeur de n'inscrire que deux noms sur son bulletin de vote.

Il aurait été plus simple et plus expédient de laisser à l'électeur la faculté de donner ses trois voix au même candidat.

Mais outre l'avantage de ne faire aucune acception de

Toutes les autres conséquences sont secondaires comparées à celle-là.

Ce n'est cependant pas peu de chose que d'assurer presque absolument l'indépendance de l'électeur, laquelle est d'autant plus grande que le choix de l'électeur est moins limité.

Or, ici, le choix de l'électeur n'a de limites que les frontières de l'État.

La même raison qui assure l'indépendance de l'électeur oppose les plus rassurantes difficultés au trafic des voix, qui fait trop souvent de la représentation nationale le plus honteux des mensonges.

lieu ou de collége, le système de M. Hare offre celui de rendre les chances de la lutte égales pour tous les partis, et il demeure le plus parfait.

Voici, d'autre part, le texte du bill de réforme électorale qui a été présenté à l'unanimité par la Commission du sénat aux Etats-Unis :

« Il est résolu par le sénat et la chambre des représentants des Etats-Unis assemblés en congrès, que dans les élections des membres du congrès des Etats-Unis, toutes les fois qu'un Etat doit choisir plus d'un représentant, chaque électeur aura la faculté d'émettre un nombre de votes égal au nombre de représentants qui sont nommés par cet Etat, et de donner tous ses votes à un seul candidat ou de les répartir à son gré sur plusieurs candidats. Le candidat qui aura obtenu le plus grand nombre de voix sera élu. » (1869).

Comme les préjugés, les séductions et les mesquines passions disparaissent avec les influences locales, un nom honorablement connu, l'éclat de grands services deviennent presque la seule recommandation des candidats, et ce qui fait l'honneur des électeurs devient le plus beau titre de l'assemblée et le plus noble objet d'orgueil chez tout un peuple.

En résumé : plus d'unité dans l'État, plus de justice et de force dans le gouvernement.

CHAPITRE VI

DE L'ASSEMBLÉE REPRÉSENTATIVE (OU DU SUFFRAGE REPRÉSENTATIF)

Mais les effets de la représentation générale ne s'arrêtent pas là.

L'assemblée étant la fidèle image du corps électoral tout entier, ses décisions devront être prises à l'unanimité.

L'unanimité des suffrages est, sur ce point, une conséquence idéale, mais rigoureuse du système de la démocratie représentative.

Pour qu'il en fût autrement, il faudrait admettre que la souveraineté est divisible parce qu'elle est représentée (1), et que l'état pour-

(1) Le système de M. Hare rend la souveraineté aliénable et représentable dans son indivision essentielle.

rait être gouverné par une simple majorité de la représentation générale ; ce qui serait contraire non-seulement à ce que j'ai établi, mais au principe même du contrat politique, et particulièrement à celui de la démocratie re-présentative.

Cependant, s'il y a peu d'espérance de compter, même au sein d'une pareille assemblée, sur l'unanimité des suffrages, il est nécessaire d'en approcher le plus possible.

L'assemblée représentative décidera donc aux quatre cinquièmes, aux trois quarts ou aux deux tiers des voix, tout au moins ; et pour fixer l'idée que j'y attache, j'appelle *suffrage représentatif* l'ensemble de ses votes (1).

(1) Si ce que j'avance a besoin d'être appuyé par l'exemple de quelques dispositions législatives, j'en puis citer quelques-unes prises au hasard.

1° Lorsqu'une décision du Congrès américain est renvoyée pour la troisième fois au président de la République des Etats-Unis, il faut, pour que cette décision ait force de loi, malgré le *veto* du président, qu'elle ait été prise à la majorité *des deux tiers des voix ;*

2° L'article III de la Constitution française du 4 novembre 1848 portait :

« Lorsque dans la dernière année d'une législature

Une démocratie représentative est-elle moins chimérique, moins difficile à réaliser qu'une démocratie directe?

l'Assemblée aura émis le vœu que la Constitution soit modifiée en tout ou en partie, il sera procédé à cette révision de la manière suivante :

« Le vœu exprimé par l'Assemblée ne sera converti en résolution définitive qu'après trois délibérations consécutives, prises chacune à un mois d'intervalle et aux *trois quarts* des suffrages exprimés. Le nombre des votants devra être de cinq cents au moins... »

Cette législation elle-même était, d'ailleurs, imitée de celle des États-Unis.

3° Je trouve encore une disposition à peu près semblable dans la loi sur la représentation nationale en Autriche. (Loi du 21 décembre 1867, modifiant celle du 26 février 1861.)

Art. 15. « ... Une majorité des *deux tiers des voix* est nécessaire pour tous changements à introduire dans la présente loi fondamentale, ainsi que dans les lois fondamentales sur les droits généraux des citoyens appartenant aux pays et royaumes représentés dans le *Reichs rath*, sur l'établissement d'un tribunal suprême, sur les pouvoirs judiciaires, ainsi que sur l'exercice du pouvoir gouvernemental et exécutif. »

Chaque fois que les législateurs ont voulu retenir une décision, à raison de l'importance qu'ils y attachaient, ils ont décrété la majorité des deux tiers ou des trois quarts.

Ni plus, ni moins. Seulement la démocratie représentative est de notre âge et convient mieux à nos mœurs.

C'est encore ainsi qu'en 1431 le concile de Bâle, justement irrité contre le pape Eugène IV, qui l'avait d'abord convoqué puis brusquement dissous, décida, en se maintenant, malgré ce pape, que les conciles, convoqués à l'avenir périodiquement, ne pourraient être dissous que du consentement *des deux tiers* de leurs membres.

Enfin, dans notre ancienne législation, l'accusé ne pouvait être condamné qu'à la majorité des deux tiers des voix.

C'est le bénéfice de cette disposition que réclamaieut, devant la Convention, Tronchet et Malesherbes, les éloquents défenseurs de Louis XVI.

On sait que la Convention persista à voter à la simple majorité ; ce qui fit que Louis XVI fut condamné.

CHAPITRE VII

D'UNE SECONDE ASSEMBLÉE

J'ai montré que la représentation de l'État, pris dans son ensemble, était la vraie. Mais l'État peut être pris aussi dans ses parties, et le système que j'ai exposé également appliqué dans ce cas.

L'assemblée qui serait formée par les représentants des départements composerait quelque chose comme le sénat américain; si bien qu'il y aurait une assemblée des représentants de l'État tout entier, et une assemblée des représentants de ses principales divisions.

On ne peut nier que la représentation serait ainsi plus complète; bien que la nécessité d'une seconde assemblée ne se fasse sentir ailleurs que dans la convenance à partager les attributions législatives, ou trop lourdes, ou trop nombreuses dans un grand État comme la France, en réservant à chacune de ces assemblées celles de ces attributions qui lui reviennent le plus naturellement.

Quant au contre-poids qu'on prétend former par une seconde assemblée aux entraînements de l'assemblée des représentants, comme la souveraineté du peuple est à elle-même sa seule loi, et qu'étant partout également indivisible, le tout est toujours en équilibre avec les parties, cette idée d'un balancier politique doit être reléguée au rang des vieilles théories constitutionnelles.

La seconde assemblée ou assemblée des départements serait composée de députés en nombre proportionnel à la population de chaque département.

Elle aurait pour attributions les lois d'intérêt local, celles d'intérêt général étant expressément réservées à l'assemblée représentative.

Par là, son pouvoir politique serait borné.

Néanmoins, pour assurer la plus grande harmonie des intérêts de tout le peuple dans les décisions d'un objet général, cette seconde assemblée aurait à sanctionner les lois votées par la première.

Mais, d'un autre côté, la souveraineté du peuple, pour la même raison que nous venons de dire, ne saurait être atteinte par les décisions de cette assemblée des départements.

Il suffirait donc pour qu'une loi passât, après deux renvois à l'assemblée des représentants, que celle-ci la votât soit à l'unanimité, soit aux trois quarts des voix si elle avait coutume de prendre ses décisions aux deux tiers, par exemple (1).

(1) Nous sommes loin de donner à la représentation de l'État par départements la portée de la représentation de l'État dans son ensemble.

Car l'élection des représentants des départements sera surtout inspirée par les influences locales, la seconde assemblée devant être aux départements, bien qu'avec beaucoup de différences, ce qu'étaient autrefois nos réunions d'*états généraux* aux *provinces d'état*.

Représenter et défendre les intérêts privés de leurs départements respectifs, tel serait le rôle des députés de la seconde assemblée.

CHAPITRE VIII

DES CIRCONSCRIPTIONS ÉLECTORALES

Que sont les circonscriptions électorales ?

Une division arbitraire du pays en vue des élections, le plus puissant moyen d'empêcher un candidat d'être élu, et, s'il est élu, d'être réélu, une conséquence *suî generis* du système dit des candidatures officielles.

Ce système a posé comme un principe la faculté, pour un gouvernement, de présenter au suffrage, des candidats de sélection ministérielle ; d'où, pour conséquence nécessaire, le soutien de ces candidatures par la mise en tutelle de l'opinion et du suffrage.

Aujourd'hui, dans la même ville, la Madeleine votera avec le Père-Lachaise, et peut-être, dans six ans, les Invalides avec Bicêtre.

Les élections au Corps législatif ont lieu tous les six ans (1). La révision des circonscriptions électorales a lieu tous les cinq ans (2).

Par là, si un député vient à mourir au commencement de la sixième année, comme il doit être remplacé, au plus tôt dans les vingt jours, au plus tard dans les six mois qui suivent sa mort, il arrive que l'ancienne circonscription de ce député ayant été modifiée, une partie seulement des anciens électeurs seront appelés à voter, tandis que l'autre restera privée de représentant jusqu'à la nouvelle législature.

Si c'est là le moindre mal, quel n'est pas le plus grand ?

Est-il juste qu'un gouvernement qui a ses candidats, ait le moyen de les faire triompher en menant le suffrage militairement, en organisant par groupe, par masses, par ailes, par carrés, pour combattre une opposition

(1) Article 38 de la constitution du 4 janvier 1852.
(2) Article 2 du décret du 2 février 1852.
(Il faut rappeler que la première édition de cet ouvrage a paru en 1868).

désarmée, une armée de dix millions d'électeurs?

En principe, où se montre, en vue des élections, la nécessité ou l'avantage d'une division nouvelle de l'État?

La nécessité, je ne la vois nulle part.

L'avantage, je le vois clairement pour le parti qui, en créant cette division, a le pouvoir de la tourner à son profit.

La Révolution a divisé la France en déparments.

Le département est une division *artificielle*, comme toutes les divisions de territoire.

J'appelle, par opposition, division *naturelle* celle qui est formée par un groupe naturel de citoyens.

Ce groupe est la commune.

La commune sera donc la seule circonscription électorale naturelle.

Mais comme le nombre des députés à l'Assemb.ée représentative serait excessif si chaque commune nommait un représentant, le même représentera nécessairement plusieurs communes.

Avec le système que j'ai exposé, la représentation des communes sera générale et vraie.

L'ensemble de plusieurs communes formant le département, j'ai admis cette division artificielle parce qu'en dehors des divisions naturelles, la meilleure est celle à laquelle on est le plus habitué.

Les communes qui forment un même département sont toujours supposées avoir entre elles plus d'intérêts communs qu'avec les communes du département voisin, et celles-ci jusqu'à des intérêts différents de celles du département le plus éloigné : c'est pourquoi, à coté d'une représentation générale de l'État par toutes les communes, j'ai établi une représentation particulière de l'État par tous les départements, afin que les intérêts les plus généraux et les intérêts les moins généraux pussent recevoir une satisfaction égale.

L'indépendance de la commune ;

Une assemblée représentant l'État pris dans son ensemble ;

Une seconde assemblée représentant l'État pris dans ses principales divisions :

Telles sont, pour moi, les conditions essentielles de tout bon système de décentralisation, la décentralisation étant au groupe ce qu'est la liberté à l'individu.

CHAPITRE IX

DU MANDAT IMPÉRATIF

Le mandat impératif ne fait pas que placer le député sous une influence plus directe de ses électeurs; il substitue les représentés au représentant, en imposant à celui-ci leur propre opinion.

Dès lors pourquoi des représentants?

Ceux qui sont capables de dicter une conduite à leurs représentants sont capables de la tenir eux-mêmes.

Je ne vois plus, dans ce cas, ni la raison ni l'avantage qu'ils peuvent avoir à faire faire mal ce qu'ils pourraient faire bien eux-mêmes.

Dès que les représentés se montrent aussi capables que les représentants, la démocratie de représentative devient directe.

Une démocratie représentative où le mandat

impératif serait appliqué dans toute sa ri-
gueur serait une véritable démocratie directe.
Une telle forme de gouvernement ne pourrait
être qu'embarrassée, et elle ne saurait longtemps se maintenir dans un Etat; car les électeurs, quelque nombreux qu'ils soient, trou-
veront toujours le moyen de se grouper pour
voter directement, et l'action du gouvernement
sera bientôt simplifiée.

Avec le système de la représentation générale et du suffrage représentatif, le mandat impératif ne fait point question, puisque ce système qui, appliqué à tous les ordres de pouvoirs, constitue, à proprement parler, la démocratie représentative, implique, jusqu'à un
certain degré, l'incapacité politique des représentés, et partant l'indépendance des représentants dans les limites de leur mandat; et aussi
parce qu'il suffit que ces représentants soient
fidèles à ce mandat, d'une manière générale,
pour que la majorité, s'approchant de plus en
plus de l'unanimité des membres de l'assemblée, le vote des lois soit la véritable représentation de l'opinion du pays.

CHAPITRE X

DE LA DURÉE DU MANDAT

Qu'est-ce qui la peut déterminer en dehors de la volonté du peuple? Car, dès que le peuple a le droit de se donner des représentants, il a le droit d'en changer aussi souvent qu'il l'aura décidé.

M. John-Stuart Mill pense que là où le pouvoir démocratique gouverne dans toute sa force, la durée du mandat des représentants doit être au moins de cinq ans (1).

Cette opinion se fonde justement sur ce que, dans ce cas, le représentant dépend toujours de l'opinion et reçoit sans cesse, par elle, l'influence de ses électeurs.

(1) J.-S. Mill. *Le Gouvernement représentatif*, chap. XI.

Mais il s'agit précisément de savoir dans quel cas l'on se trouve.

Or, j'adopte entièrement l'opinion du célèbre publiciste anglais lorsqu'il fixe à trois ans, au maximum, la durée du mandat du représentant, pour le cas où le pouvoir démocratique est faible et le représentant exposé à la faveur ou aux intrigues de cour.

Je demanderais donc, tout de suite, que la durée de la législature, dans un très grand nombre d'Etats prétendus démocratiques, fût abaissée à trois ans. Et je trouverais cette exigence encore faible.

Le peuple, en nommant ses représentants, a le droit de leur dire : « A telle époque, vous vous représenterez devant moi, afin que ma liberté ne soit point enchaînée par ma confiance en vous, et que je puisse vous changer si vous avez trompé cette confiance. »

Langage plein de raison, et qu'il faudrait conseiller à tous les peuples.

N'est-il pas juste que si les représentants du peuple ont méconnu ses vœux, approuvé ce qu'il condamne, voté la guerre là où il voulait la paix, celui-ci ait le droit et le moyen de les changer au plus tôt?

Mais il faut assigner un terme. Celui qui assurera le plus d'indépendance aux représentants, et partant le plus de garantie au peuple, sera nécessairement préféré.

Les Américains ont pensé que ce terme devait être deux ans pour les représentants de l'Union; un an pour ceux de la plupart des États (1).

En Suisse, le· *Conseil national*, le *Conseil fédéral* et le *Tribunal fédéral* sont élus pour trois ans.

En Italie, les députés sont élus pour cinq ans.

En Prusse, pour trois ans.

En Portugal, pour quatre ans.

En Hollande également.

En Suède, la durée du mandat des députés est de trois ans.

---

(1) C'est ainsi que les membres de notre première Assemblée constituante avaient fixé à deux années la durée de leur mandat.

J.—J. Rousseau, dans ses *Considérations sur le gouvernement de Pologne*, fixe lui-même à deux années la durée des diètes.

3.

En Danemark, également.

En Belgique, la Chambre des représentants se renouvelle par moitié tous les deux ans, et le Sénat, qui est aussi un corps électif, tous les quatre ans.

Les députés à la Diète de Hongrie ne sont élus que pour trois ans.

En Grèce, la durée du mandat est de trois ans.

Dans le duché d'Oldenbourg, également.

Dans le Guatémala, quatre ans.

Dans la Saxe-Weimar-Eisenach, trois ans.

Dans la Saxe-Cobourg-Gotha, quatre ans.

Dans la république de Saint-Domingue, les députés sont nommés pour cinq ans, et en Espagne, jusqu'à nouvel ordre, pour cinq ans aussi.

On voit par là que la première opinion du célèbre publiciste anglais est loin de recevoir, de la pratique des peuples, une confirmation rigoureuse. Car, d'après ce que je viens de montrer, ce sont les républiques et les monarchies qu'on est convenu d'appeler constitutionnelles, chez lesquelles la durée du mandat

est relativement la plus courte: soit, en général, trois années.

Il n'y a qu'aux États-Unis que la durée du
mandat soit deux ans, et même un an pour les
États.

Certains écrivains politiques, M. de Tocque-
ville principalement, y voient un grand in-
convénient.

Ils reprochent à cette disposition de la constitution américaine de placer le représentant
dans une dépendance trop directe par rapport
à ses électeurs.

C'est là un singulier effet de l'abus des mots.
En effet, il n'est pas juste de dire que le mandataire qui partage le mieux les opinions
de ses commettants soit le plus dépendant
d'eux.

Au contraire, plus il sera sûr qu'il est de
leur avis, plus il se sentira libre, et plus son
action sera influente.

Je suis donc disposé à faire un mérite à cette
disposition de la Constitution américaine de
l'effet qui lui est reproché.

Au surplus je trouve quatre avantages principaux à la brièveté de la durée du mandat.

D'abord le peuple est appelé souvent à voter, et il apprend ainsi à pratiquer le suffrage.

Il est des peuples qui auraient besoin de voter tous les jours : le progrès chez eux avancerait d'un siècle.

En second lieu, l'assemblée des représentants et avec elle, dans les démocraties, le gouvernement tout entier, se renouvellent par le simple effet des élections ; et il est bon que le gouvernement se renouvelle. Heureux les peuples qui possèdent ainsi le droit et le moyen de le changer sans l'intervention de la force !

En troisième lieu, l'opinion étant partout variable, et les transformations sociales et politiques de siècle en siècle plus rapides, moins longtemps l'assemblée représentative siégera, plus la représentation, en se renouvelant, aura chance de demeurer vraie.

Enfin je vois dans le pouvoir de changer souvent de représentants, la plus sérieuse, sinon même, la seule garantie de l'électeur.

CHAPITRE XI

DU RENOUVELLEMENT PARTIEL DE L'ASSEMBLÉE

Dans mon hypothèse, le renouvellement partiel fausse la représentation.

Car la représentation étant générale, l'Assemblée est la même dans toutes ses parties.

Si donc une de ses parties vient à être changée, la représentation cesse aussitôt d'être la même : elle est autre.

Dans le cas de la représentation exclusive des majorités, je ne vois aucune raison solide qui se puisse alléguer en faveur du système du renouvellement.

J'y vois de toute façon une complication inutile.

En effet, la plus petite fraction des éléments anciens de l'assemblée étant seule renouvelée, la majorité n'y change point.

Ce n'est que lorsque la dernière fraction des éléments anciens aura été renouvelée que la majorité aura changé. Mais alors, on aura une nouvelle assemblée.

Où est donc, dans ce cas, l'avantage du renouvellement?

La représentation n'aura pu qu'y perdre en vérité.

J'ajoute qu'alors que la durée du mandat des représentants est très courte, le renouvellement général de l'assemblée est imposé par l'embarras même que causerait un renouvellement par fraction (1).

(1) En France, le système du renouvellement par fraction a été pratiqué.

Mais depuis la Charte constitutionnelle du 14 août 1830, qui fixe le temps de la législature à cinq ans en abrogeant la disposition de la Charte du 14 juin 1814 qui prescrivait le renouvellement de la Chambre par cinquième, aucune de nos Constitutions, ni celle de 1848 ni celle de 1852, n'ont voulu revenir au système du renouvellement partiel.

Il semble aujourd'hui abandonné à jamais.

Il ne reste plus que les conseils généraux et les conseils d'arrondissement qui, étant élus pour neuf ans, sont renouvelables, par tiers, tous les trois ans. (ancienne législa.)

Il serait bien préférable qu'ils ne fussent nommés que pour trois ans et qu'ils ne pussent pas du tout se renouveler. N'oublions pas, dans tous les cas, que pour avoir, avec l'expression réelle de l'opinion, une représentation sincère du pays, il est nécessaire que l'Assemblée des représentants se retrempe souvent dans le suffrage et qu'elle s'y retrempe tout entière.

CHAPITRE XII

DU NOMBRE DES REPRÉSENTANTS

Plus le corps électoral sera nombreux, plus le nombre des représentants devra être grand.

Plus le rapport du nombre des représentants à celui des électeurs se rapprochera de l'unité, plus la représentation sera vraie.

Le rapport de cinq cents à dix millons est géométriquement plus petit que le rapport de deux cents à dix millions.

Le rapport du nombre des représentants à celui des électeurs devra donc être le plus petit possible.

Notre première assemblée nationale avait arrêté à sept cent quarante-cinq le nombre des représentants.

Ce nombre ne peut avoir de limite que le bon ordre d'une asemblée (1).

(1) En Angleterre, la Chambre des communes compte 695 membres. Jusqu'ici 633 ont été élus pour la session de 1869.

En Italie, la Chambre des députés compte 442 membres. En Prusse, 352 membres. En Autriche, 323 seulement.

En Denemark, un député à raison de 16,000 habitants.

En Suisse, à Schaffouse, un député à raison de 600 habitants.

En France, un député à raison de 35,000 *electeurs!*

CHAPITRE XIII

DE L'ÉLECTION

L'objet le plus noble de la responsabilité de l'homme est son opinion.

Là où les opinions sont libres, chacun doit tenir à honneur de ne point cacher la sienne.

Cependant on fait beaucoup d'objections au vote ouvert. Serait-ce que les opinions ne sont point libres ?

Si malgré la souveraineté qui leur appartient, les électeurs conservent quelque dépendance dans leurs situations privées, est-ce que le jour du scrutin n'est pas au moins pour eux celui de l'affranchissement général ?

L'indépendance que les électeurs montrent dans leurs votes répond presque toujours au degré de liberté d'opinion dont ils jouissent d'ordinaire.

Que les peuples soient donc libres avant tout.

La liberté de l'élection est la garantie de l'indépendance des suffrages.

C'est pourquoi je voudrais que l'élection fût libre partout. Alors seulement le vote pourrait se donner soit à bulletin ouvert, soit à haute voix (1).

Le vote ouvert, auquel la liberté et la dignité de l'électeur sont attachées, auraient encore pour avantage d'être une barrière au trafic des voix. Ce trafic est la plaie de l'Angleterre, et je voudrais voir édicter contre lui les peines les plus sévères.

Aujourd'hui la dépendance des électeurs est une conséquence du système qu'on a appelé,

(1) A Rome : « Chacun donnait son suffrage à haute voix, un greffier les écrivait à mesure... Cet usage était bon tant que l'honnêteté régnait entre les citoyens, et que chacun avait honte de donner publiquement son suffrage à un avis injuste ou à un sujet indigne ; mais quand le peuple se corrompit et qu'on acheta les voix, il convint qu'elles se donnassent en secret, pour contenir les acheteurs par la défiance et fournir aux fripons le moyen de n'être pas des traîtres. » (J.-J. Rousseau, *Contrat social*.)

de notre temps, *le système des candidatures offi-cielles.*

Je lui préférais de beaucoup celui qui était employé à Sparte pour la nomination des Éphores (1).

D'ailleurs, avec le système de M. Hare, l'électeur n'aurait qu'à prononcer à haute voix les noms de ses candidats, ou à en présenter la liste ouvertement (2).

(1) Les candidats passaient devant les électeurs assemblés qui les acclamaient. Les juges des acclamations étaient renfermés dans une maison voisine d'où ils ne pouvaient qu'entendre. Le plus vivement acclamé était élu. — Aristote, à ce propos, plaisanté ironiquement les Spartiates. — J'estime qu'il aurait tenu un autre langage s'il avait vécu dans d'autres temps.

(2) Un député, M. Lambrecht, avait demandé au Corps législatif, puisque le vote est secret, que le secret en fût également garanti par une même enveloppe destinée à tous les bulletins indistinctement. (Voir *le Moniteur* du 14 juillet 1868.)

Cette garantie, si faible, n'a pas même été accordée au vote secret.

CHAPITRE XIV

DU SERMENT

A qui les représentants doivent-ils prêter serment !

C'est une question qu'on n'a jamais posée.

Et cependant, dans certains États, les candidats doivent prêter serment « *d'obéissance à la Constitution et de fidélité au chef de l'État.* »

Il me paraît, au contraire, que les représentants et les candidats devraient prêter serment à leurs commettants, car envers qui sont-ils tenus ?

Prêter serment d'obéissance à la Constitution, c'est la reconnaître parfaite.

Prêter serment de fidélité au chef de l'État, c'est souscrire à l'avance à tous ses actes.

Je comprends qu'on exige ce serment de la part des chambellans et des écuyers d'un prince; je ne comprends pas qu'on l'exige de la part des représentants du peuple; et je comprends encore bien moins comment ceux-ci s'y soumettent.

C'est aux électeurs à demander à leurs représentants qu'ils prêtent serment de fidélité au mandat qu'ils leur décernent.

Il ne faut pas renoncer au serment.

Quoi de plus noble que la parole d'un homme! Quoi de plus estimable que la conduite qu'il a promis de tenir!

Il faut seulement bien arrêter envers qui le représentant du peuple est tenu au serment et envers qui il ne l'est pas.

CHAPITRE XV

DE LA CONVOCATION DE L'ASSEMBLÉE

Dès que les représentants sont élus, ils s'assemblent.

Le jour de leurs assemblées périodiques se trouve ainsi fixé une fois pour toutes, et devient la loi unique de la convocation de ces assemblées.

Chaque fois que revient ce jour, les représentants sont convoqués par le simple effet de la loi.

Ce jour doit revenir au moins une fois chaque année.

Tandis que les représentants sont assemblés, aucune puissance ne doit ni arrêter ni suspendre le cours de leurs délibérations. Ce serait arrêter ou suspendre l'exercice de la souveraineté elle-même dans son droit le plus précieux.

On ne peut admettre que deux cas dans lesquels il est permis au chef de l'État, représentant de la puissance exécutive, de convoquer ou de proroger, par simple décret, l'assemblée des représentants : lorsque l'État est en péril au dehors, ou l'ordre menacé à l'intérieur.

Dans le premier cas, le chef de la puissance exécutive doit renvoyer les représentants chez eux dès que la défense nationale est assurée.

Dans le second, il ne peut ajourner l'assemblée au delà d'une année, pendant laquelle il peut aviser aux mesures d'ordre et de sûreté intérieure qu'il juge nécessaires.

Après ce temps, et à partir du jour fixé par elle, la loi reprend tout son effet.

CHAPITRE XVI

DU CUMUL

Si la séparation des pouvoirs est une vérité, ceux qui font les lois ne doivent pas être les mêmes qui les appliquent ou qui les exécutent: car alors la séparation des pouvoirs serait détruite.

Le cumul de n'importe quelle fonction de l'ordre exécutif ou judiciaire avec la fonction législative doit donc être absolument défendu.

Quant aux personnages de cour qui entourent le chef du pouvoir exécutif, à supposer qu'un chef de l'Etat démocratique représentatif se conservât un tel entourage, la loi devrait leur interdire également le cumul de leurs fonctions avec la fonction législative.

4

CHAPITRE XVII

DE LA RÉTRIBUTION DES REPRÉSENTANTS

Tout service doit être payé.

Ne pas rétribuer les représentants du peuple est aristocratique; les rétribuer est démocratique.

Il faut que la rétribution soit assez élevée pour que les représentants puissent se dévouer exclusivement à leur tâche et paraître partout avec dignité; il ne faut pas qu'elle soit assez élevée pour corrompre ceux qui sont représentants et séduire ceux qui peuvent le devenir.

En fixer le chiffre appartient au peuple.

C'est peut-être le seul point que ses représentants ne puissent, par délicatesse, fixer à sa place.

On évitera de recourir au plébiscite, pour

une question d'ailleurs secondaire, si l'on a
soin d'arrêter que le chiffre de cette rétribution demeurera toujours supérieur aux traite-
ments des membres de n'importe quel corps
de l'État.

CHAPITRE XVIII

DES CANDIDATURES OUVRIÈRES

Depuis l'avènement de ce qu'on est convenu d'appeler le suffrage universel, les ouvriers, et ceux de Paris principalement, ont posé, comme un principe, la question des candidatures ouvrières.

Y a-t-il des candidatures de fabricants, d'agriculteurs, d'armateurs, de banquiers, de négociants, de magistrats, etc. ?

Si oui, je comprends des candidatures d'ouvriers.

Si non, je ne les comprends pas.

Tous les partis, tous les intérêts, toutes les opinions, ont un droit égal à la représentation ; et ce droit leur est garanti par le système de suffrage que nous avons exposé : voilà le principe.

Ce principe suffit à tout.

Comme dans une démocratie les partis ne sont plus que les mille faces d'une même opinion, les intérêts que les différences de personnes, l'opinion elle-même qu'un même attachement à la souveraineté du peuple et un même amour de la patrie, le même député pourra représenter, avec la même conviction et le même succès, ce qui semblerait dans une monarchie le plus contradictoire et le plus dissemblable.

Je conclus de tout ceci, qu'il n'y a point de classes dans une société démocratique, partant point de candidatures de classes, point de candidatures d'ouvriers ; que tous les électeurs ayant le même droit et la même garantie ont le même pouvoir :

Qu'ainsi, ils peuvent choisir le pire des représentants ; mais qu'il est de leur intérêt de choisir le meilleur, sauf à le changer s'il est infidèle à son mandat.

CHAPITRE XIX

DE LA REPRÉSENTATION DANS L'ORDRE EXÉCUTIF

Bien que l'exécution des lois ne puisse être qu'un attribut secondaire de la souveraineté, il est conforme à l'essence de la forme de gouvernement, dont j'ai essayé d'arrêter la théorie, que le pouvoir exécutif soit représentatif.

Le chef du pouvoir exécutif, qui est, à proprement parler, le chef de l'État, sera donc électif.

Combien de temps devra durer son mandat? A Rome, les consuls étaient élus tous les ans; mais cette pratique offrait beaucoup d'inconvénients.

Il serait plus sage de déléguer le pouvoir exécutif pour quatre ans, comme aux États-Unis, comme en Bolivie et dans quelques autres républiques, en ayant soin d'arrêter, comme il a été fait dans l'Etat de l'Uruguay et chez nous-mêmes, au temps de la République de 1848, que le président sortant ne pourra être réélu qu'après quatre années (1).

Cette période de quatre ans s'accorde mieux qu'une autre avec la suite qu'il convient d'assurer à la marche des affaires dans le gouvernement, et à l'ordre qui doit être garanti à l'intérieur.

D'ailleurs, du moment que les attributions du pouvoir exécutif sont bien définies, il ne peut y avoir aucun danger à laisser le pouvoir exécutif dans les mêmes mains pendant quatre ans, et je dirai même pendant plus longtemps, si je n'avais pas pour me guider la pratique

(1) En Suisse, le président de la Confédération est élu pour un an et n'est pas rééligible l'année suivante. Mais un an n'est pas un terme suffisant, le gouvernement y perd en force et en stabilité, et l'ordre intérieur, toujours quelque peu troublé par une telle élection, n'y perd pas moins.

ancienne de plusieurs républiques bien constituées.

Ainsi, décider la guerre est un attribut du pouvoir législatif, la déclarer et la conduire est un attribut du pouvoir exécutif (1).

Ce pouvoir est de tous celui qu'il est nécessaire de limiter avec le plus de précision.

En ayant égard aux attributs naturels de chaque pouvoir, on laissera au chef du pouvoir exécutif assez de force pour gouverner avec autorité, et pas assez pour faire dégénérer l'autorité en despotisme.

Le chef du pouvoir exécutif ne sera pas le seul électif.

Les principaux chefs de l'administration départementale et communale devront être élus, sans que le principe représentatif puisse être poussé jusqu'à l'élection des fonctionnaires subalternes, qui ne sauraient sortir d'une certaine dépendance à l'égard de leurs chefs sans que la bonne administration de la chose publique n'eût à en souffrir très fortement.

(1) Voir *Quelques conséquences du principe des nationalités ou Essai de critique politique*, chap. III.

CHAPITRE XX

DE LA REPRÉSENTATION DANS L'ORDRE JUDICIAIRE

La matière judiciaire étant très spéciale, et le pouvoir d'appliquer les lois celui qui exige le plus de connaissances pratiques, l'exercice devra en être naturellement réservé aux hommes qui auront donné la preuve de ces connaissances.

J'avoue que le peuple sera toujours un juge assez médiocre de la capacité des magistrats de l'ordre judiciaire.

D'un autre côté, l'administration de la justice a toujours été une part du gouvernement.

Je crois donc qu'il suffirait, pour introduire d'une manière conforme à l'esprit de la démo=

cratie le principe représentatif dans l'ordre judiciaire, de réserver au pouvoir exécutif la nomination des principaux magistrats, sauf approbation de l'assemblée représentative.

Ces principaux magistrats auraient la nomination des autres, et lorsque le corps de la magistrature serait ainsi complétement créé, les magistrats pourraient se nommer entre eux, à l'élection, d'une manière désormais indépendante : le degré supérieur élevant au degré immédiatement inférieur, et tous au plus élévé.

Pour le reste, l'institution du jury et l'élection des juges de paix, pourvu qu'elle soit à vie, suffit au principe de la démocratie représentative.

FIN

TABLE DES MATIÈRES

VERSAILLES. — IMPRIMERIE CERF, 59, RUE DU PLESSIS.

OUVRAGES DU MÊME AUTEUR

Quelques conséquences du principe des nationalités, ou essai critique politique. 1 vol. in-12.

La Démocratie représentative. 1 vol. in-18.

De la Représentation nationale. 1 vol. in-18.
(Publiés précédemment sous le pseudonyme *Victor Sem.*)

Le Mariage. (Ouvrage ayant obtenu une mention honorable de l'Institut, Académie des sciences morales et politiques). 1 vol. in-8º.
(Librairie académique de Didier et Cie.)

VERSAILLES. IMP. CERF ET FILS, 59, RUE DU PLESSIS.